HAPPY★AMUSEMENT
ハッピー・アミューズメント
とある企業の7つの行動指針《イズム》

伊原直司［原作］
Naoji Ihara
押月 禄［漫画］
Roku Oshizuki

HAPPY★AMUSEMENT《ハッピー・アミューズメント》 目次

装画：押月 禄

主な登場人物

主人公

水嶋《みずしま》 紗紀《さき》

周囲の反対を押し切って、業界最大手の「マルファン」に入社。全力で仕事に取り組む新入社員。

同期

最上《もがみ》 元《はじめ》

近隣の店舗に勤める紗紀の同期。そそっかしい紗紀に何かと突っかかってくるが……。

メンター

山内《やまうち》

紗紀の指導係。社会人1年目の紗紀を、厳しくも温かくフォロー。頼りがいのある姉御的存在。

先輩

東雲《しののめ》

紗紀の店舗に勤務する先輩。女性たちを虜《とりこ》にする王子様的存在。

店長

松原《まつばら》

紗紀が勤める店舗の店長。プロ意識が高く仕事に妥協しないタイプ。部下思いの優しい一面も。

CSキャスト※たち

※顧客満足（CS）を創造するキャスト（出演者）という意味のアルバイトを指す。

長谷川《はせがわ》

井上《いのうえ》

河田《かわた》

どどん…
私!!
パチンコ屋さんに
就職します!!
この状況は
何かといいますと

ちょっと時間を
さかのぼります
就活でアミューズメント業界
を志望したものの…
あーん
また落ちたぁ
まったく内定を
もらえなかったり…
MONAMI
SAGA
合同企業説明会で
たまたま声をかけられて
説明を聞き
採用担当の人の
印象がよかったので
エントリーしたら
トントン拍子に
合格が出て
合同説明会
へえ…
面白そう
これも何かの縁だと思い
入社を決意して

今ココ
両親に話したところ
この状況です
父
はぁ!?
大学まで出て
パチンコ屋で働く?
私は反対
母
紗紀
本当にそれでいいの?
親友
反対されて色々
迷った事もあったけど

私はこれも
何かの縁だと思い
（2回目）
入社を決意しました!!
ブロロロロ…

パチンッ
よしっ
行ってきます!!
親に買ってもらった中古の軽☆
ププーッ
本社の住所が東京丸の内だったから自分もそこで働く気になってたけど
4月からは丸の内OLかぁ〜
デュフフフフ
新入社員は全員店舗配属になることを内定で知り
地方に配属っ!!
そんなの聞いてないっ!
えぇ? 何度も説明したっ
うそ…

バタン
そして
今日からここが
MARUFAN
私の職場です

※顧客満足（CS）を創造するキャスト（演出者）という意味のアルバイトを指す。

あっ、そうなんですね
よろしくお願いします！
そのお辞儀《じぎ》は何？
導入研修で学んできたんでしょう？
グリィイッ
す
すみません
私、容赦しないから
そのつもりで
オオオオ
早く一人前になってもらわないと
迷惑するのはお客様
ビ
私の社会人1年目
これから一体どうなってしまうのでしょう

Chapter.01 判断基準はお客様

…そこから
こう
あたたたたた
——っっ!!
へぇ、
そんな漫画あるのー
お前は
もう
あたたたた
って!!
あははは

CSキャストの井上さんは
いつも笑顔を絶やさない
人気者です
スッ
ごりもワェ
ちょっとやりすぎかも
ドォン
ひいいいい!!
まだやってる
あわわ井上さん～!!

井上さん叱られるっ!!
ちゃんと仕事しろ!!
コチン
井上さん…
そうじゃない

ドォ
!!?
こう!!
よっ店長
待ってました
指は立てないのか
ドンッ!!

更衣室
使用中
さっきは井上さん叱られるかとドキドキでした
ないないどうして叱られるの？
えーと
仕事をほったらかしてふざけてるようにも見えるしお客様は手を休めてるし…
井上君はお客様にこれ何のアニメ？って質問されたから説明してたのよ
あれも大切な接客の一つお客様に楽しんでもらうのが私たちの仕事だから

ザッツ・エンターテイメント！小さな感動の積み重ね！
たくさん玉を打ってもらうのが仕事じゃないんだ…
それに店長は叱るどころか井上君がちゃんと仕事してるってうれしかったんじゃないかな
自分も乗っかってたし明るく楽しい接客は嫌いじゃないから
確かに好きそう

ほら
フロアにある〈お客様のお声BOX〉
お客様からいただいた声
お客様のお声
あれって他のお店にはないって知ってた?
え!? ないんですか?
全店共通かと思ってました
あれはね
松原店長のオリジナル
お客様からメッセージが寄せられると丁寧にお礼を書いてフロアの掲示板に貼り出すの

そのために
遅くまで残る事も
あるのよ
ただお礼を書くだけじゃ
なくて
賞品のリクエストがあれば
すぐ取引先様に連絡して
仕入れたり
在庫がなければ
近くの店舗に問い合わせたり
とにかく一生懸命
ブゥゥゥン
そうやって2年くらい
続けてきたかなぁ
ああいう箱って
レストランとかで何気に
見てたけど…
それくらい
重要なものなんだ
アンケートBOX

スタッフがいつも明るく元気でいいねってお褒めの言葉も中にはあるのよ
そういう時は店長朝礼ですごくうれしそうに話すんだから
だからお客様に楽しんでもらおうと一生懸命な井上君が叱られるわけないで
しょっ
ピーンッ!
あうっ
わかってないわね

井上さんが叱られるかと
ドキドキするなんて
ズレてるなぁ私
……
よし！
お客様にもっともっと
楽しんでもらうために
私も頑張らなきゃ
ふんすっ

……
ふぉぉぉぉ
アンタは先に
仕事覚える
ぐいっ
あたたたたた
帰るわよ
まって下さい
この仕事の楽しさと厳しさが
ほんのちょっとだけ
わかった気がします

紗紀の業務日誌①

判断基準はお客様

エンターテインメントとは小さな感動の積み重ね

報告者　水嶋紗紀　　4月　16日（火）　くもり

☑早番　□遅番　　担当　パチンココーナー

今日は開店直後から常連のお客様が多くいらっしゃいました。午前中はいつもより忙しく、午後になって少し落ち着きました。個人的にうれしかったのは、常連のお客様に名前を呼んでいただいたことです。配属から2週間が経ち、ようやくスタッフとして認められた気分でした。

本日の業務で勉強になったのは、何といっても井上さんの「アタタタ事件」です。お客様の質問に、井上さんはパフォーマンスまで披露して一生懸命に答えていました。

会社説明会で「わが社はエンターテインメント企業だから、お客様をお出迎えするときの気持ちはエンターテイナーの一員として演出する」というお話を聞きました。井上さんのパフォーマンスはまさにその言葉通りでした。一瞬でも、井上さんが仕事中にふざけていると感じた私は、そのことを忘れていました。そして、いつもは真面目《まじめ》な松原店長まで、一緒になってお客様を笑わせていたのは衝撃でした。あとで山内さんから、店長がお客様のことを第一に考えて行動されていることをうかがい、ようやく私たちの仕事に大切なものが何かを理解できたように思います。

当社の行動指針には「判断基準はお客様」が第一に掲《かか》げられています。仕事中にその行動が正しいかどうかに迷ったら、お客様の目線で考える。明日からの仕事に活かしていきたいと思います。

メンターのコメント

今日は井上さんのおかげで、私たちの仕事の大切なことに気づいたようですね。いまの水嶋さんは、ホールの仕事を覚えて、決められたことを真面目にこなすことで精一杯でしょう。それに対して井上さんは、お客様にエンターテインメントを届けたいと考えて、お客様に喜ばれる行動をとっています。

私たちが目指すエンターテインメントは、一人ひとりのお客様に感じていただく小さな感動の積み重ねで実現します。そのためには、まず安心して通える店であること。そして、いつも変化や刺激があり、小さくても新しい感動がある。そういう店づくりが大切ですね。

水嶋さんは、井上さんが店長に叱られると思った自分を間違っていたと感じていましたね。これは水嶋さんの中でSEE→DO→GETのSEEの部分が変わったということです。これまでと世の中が違って見えることを、

人生哲学として知られている「7つの習慣」では**〈パラダイム転換〉**と呼んでいます。これは自己変革に欠かせないもので、数多く経験することで人間として成長することができると私は考えています。（山内）

今までの紗紀の場合

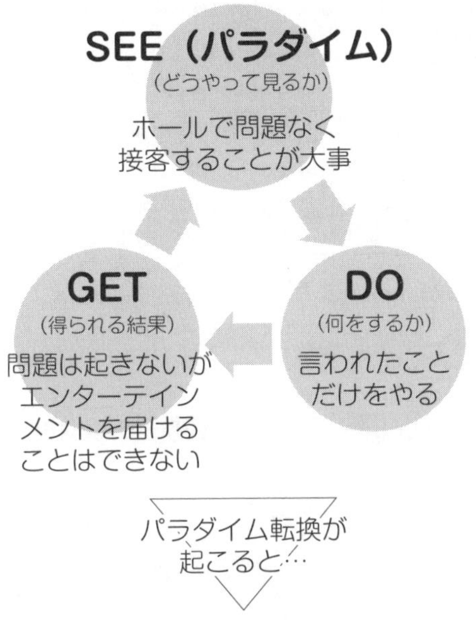
SEE（パラダイム）
（どうやって見るか）
ホールで問題なく接客することが大事
DO
（何をするか）
言われたことだけをやる
GET
（得られる結果）
問題は起きないがエンターテインメントを届けることはできない
パラダイム転換が起こると…
SEE（パラダイム）
（どうやって見るか）
お客様にエンターテインメントを届けたい
DO
（何をするか）
お客様の立場でお客様に喜んでもらえる行動をする
GET
（得られる結果）
お客様と心が通い合いまたご来店いただける

SEE（物事の見方）の部分が変わるとDO（行動）も変わり、GET（得られる結果）もより良いものになるが、SEEが変わらないと成長ができない。

Chapter.01

判断基準はお客様のまとめ

- 私たちの使命は「お客様の満足」の創造にある。
- 迷ったときや意見が分かれたときは、「お客様がより満足される方法は何か」を考える。
- １人のお客様の要望のみを優先すると、その他多くのお客様に迷惑をかけることもある。
- お客様の満足を考える際は、広い視野、長いレンジを心がける。

Chapter.02
その仕事は何のため？

ヴヴーン
ムッ
いや…見かけ通りか
見かけによらず不器用ね
へにょっ
あっ

STAFF ONLY
ブッ
ポッ
ほほう
で

パ。パ。パ。パァ
休《きゅう》憩《けい》中《ちゅう》
できたあ!!
ッ!
それって お客様が席を 離れる時の 札ですよね
休憩
ここに入ってるやつ?
店長が担当コースで 特色出して みたらって…
河田さんの アドバイスだよ
ふふっ

※お客様が接客が良いと感じたスタッフに投票し、最も投票数の多いスタッフが表彰される制度

と、いいつつしっかりアピール…
出来た。
食事中
スーッ
ジマンカ、
イヤミカ、
できた!!

きゅうけいちゅう
ちまっ
これじゃ何の札かパッと見、わからない
やりなおし
えーかわいいと思ったんですけどー
自分がかわいいと思うだけじゃなくて何のために作るのかまず考えないとね
店長が言ってるのはそこじゃない
この台は使用中って意味じゃ

うーん
顔と名前を覚えてもらうため？
それも大切だけどあくまで手段でしょ
スーパースターに投票してもらうって答えも違うからね
お客様に楽しんでもらって
お店のファンになってもらう事
それがゴール
MARUFAN

つまりファンづくり
ささいな事かも
しれないけど
パネル作成や札づくりも
全てがそこに
つながるのよ
お店のファンに
なってもらう
かあ……
次元が違う
ド次元ーッ

今日も疲れたよぉ(´_`)
お客さまに
ホメられた!!(￣_￣*)
よかったね
……
あっそうだ
今日の札づくりの事
知らせよう
スススーッ

ピコン!
最上元
水嶋、不器用そうだもんな
フレキシビリティに欠けるw
スッ
最上元
どんなタスクにもポジティブに
コミットする意識が大切だ!
ピコン!
即・返・斬!!
最上《もがみ》元《はじめ》――…
確か同じエリアの
別店舗に配属された
研修でやたら張り切って
アピール過剰だったヤツ…

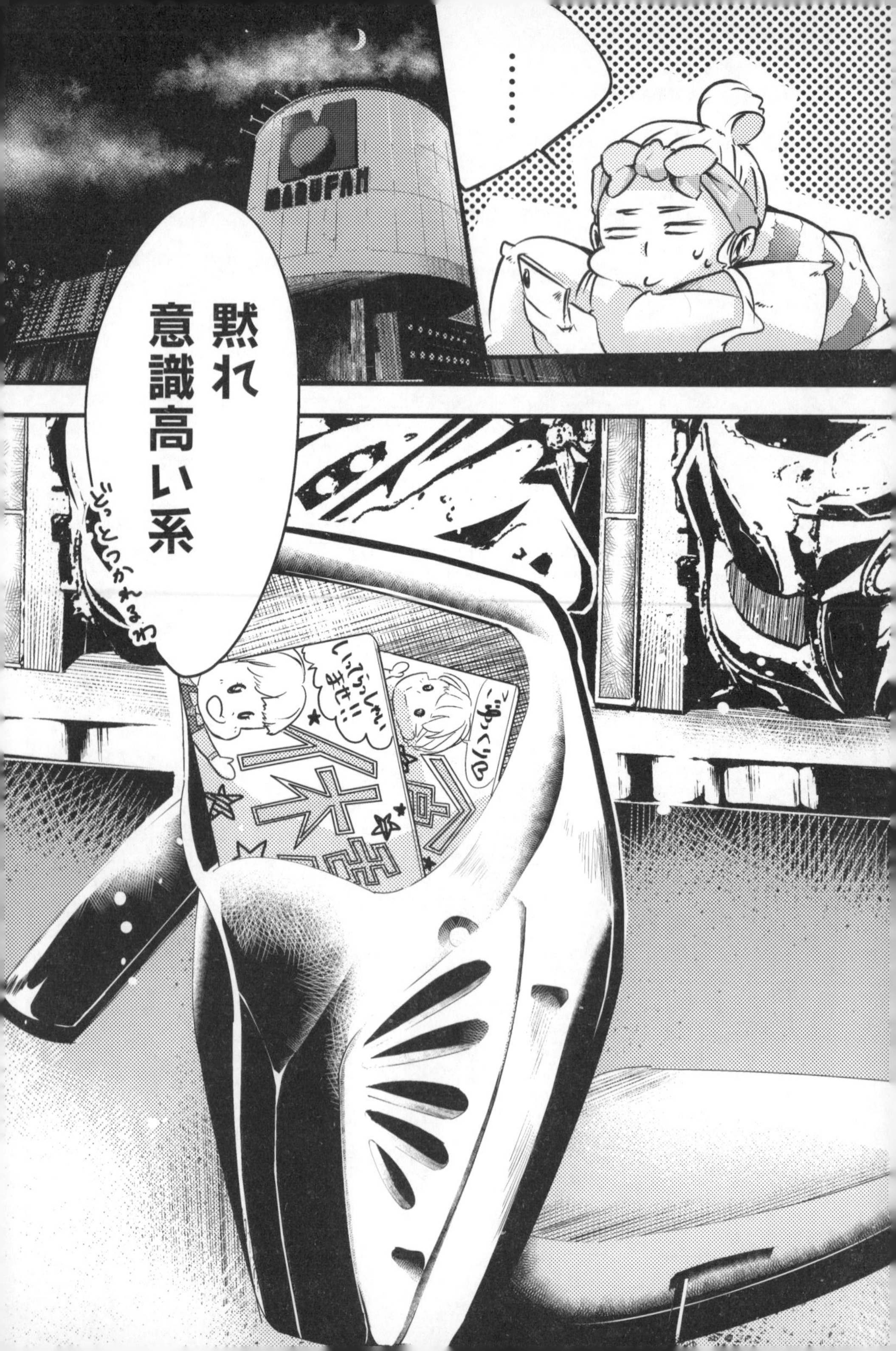
……
MARUFAM
黙れ
意識高い系
どっとつかれるわ
いってらっしゃいませ!!
ごゆっくり♡

紗紀の業務日誌②

お店のファンをつくる

お客様とともに喜びを楽しむ

報告者 水嶋紗紀　　5月 25日（土） 晴れ

☑早番 □遅番　　担当 パチンココーナー

今日は店休日だったので、みんなで新台入替用のパネルなどを作成しました。

私は小学生の頃から図画工作は苦手なので、初めはドキドキしましたが、みんなで手作りするうちに新しい台への愛着が湧いてくるのだと実感できました。

今日の業務を通して学んだことはたくさんあります。

とくに「食事中札」を作成したとき、店長と山内さんからアドバイスをいただいたことは、確かに自分の弱点だと思いました。仕事の目的を見失って、自分のこだわりが前面に出てしまうところは、まだ学生気分なのだと反省しました。これからはファンづくりをしっかり意識したいと思います。

私たちの仕事は、お客様に心から楽しんでいただき、明日も明後日も来店してもらうことであるというゴールを描けば、接客もずいぶん違ってきそうです。

質の高いサービスでお店のファン、会社のファンが増えてくれたら達成感も大きいはず。そう考えると、明日からの仕事が楽しみになってきました。

メンターのコメント

パネルや「食事中札」の作成、お疲れ様でした。初めての作業でいろいろ苦心したと思います。これは定期的にある業務なので、何度か経験すればコツがつかめると思います。皆も数多く作っていくなかで上達したので、焦ることはありません。

私たちの使命は、日々の業務を通して、お客様に満足していただくことです。そのために、何事もお客様の視点で考える習慣を身につけてください。お客様に寄り添い、同じ方向を向き、同じ目線の高さで考えていけば多くのことに気づくはずです。それが結果として、ファンづくりにつながるのだと私は考えています。

まず目的を理解し、最終的なゴールを描いてから、その仕事に取り組む。成果がイメージできれば、そこに到達するまでのプロセスや手順は自然と見えてきます。

「7つの習慣」によると、あらゆる仕事は

〈2度の創造〉で成り立っているとされています。1度目は、頭の中でイメージする**〈知的創造〉**、**2度目は実際に手を動かし、形にする〈物的創造〉**です。このときに、お客様と自分がともに喜べる〈Win-Win〉の状況を想い描くことも大切です。お客様が満足し、自分も満足できる。例えば「食事中札」でも、そういう成果物がイメージできればワンランク上の仕事になるはずです。

（山内）

紗紀の場合

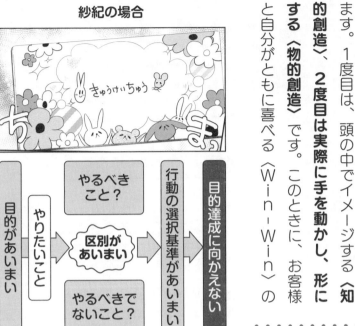

きゅうけいちゅう
ち
ま

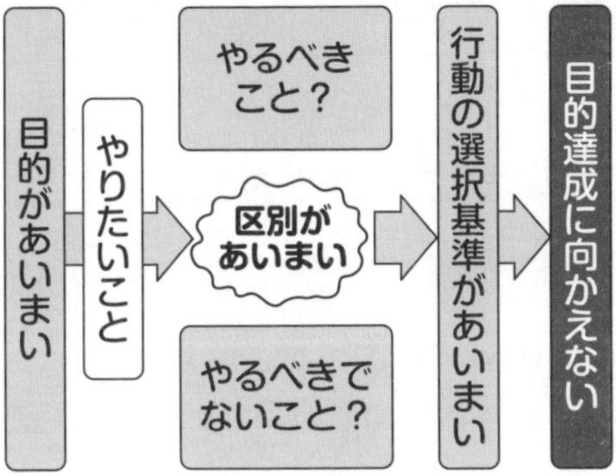
目的があいまい
やりたいこと
やるべきこと？
区別があいまい
やるべきでないこと？
行動の選択基準があいまい
目的達成に向かえない

メンター山内の場合

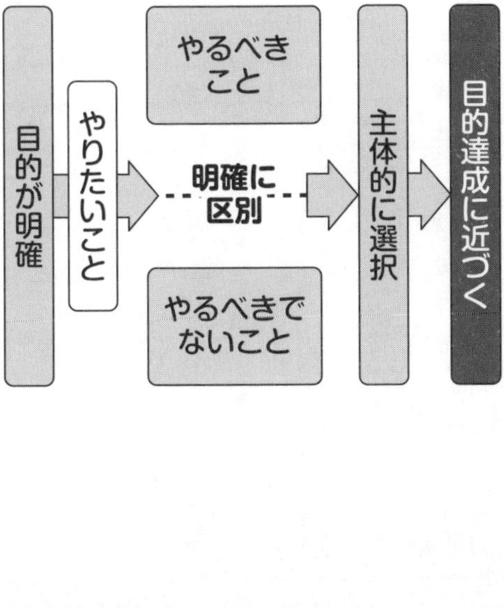
目的が明確
やりたいこと
やるべきこと
明確に区別
やるべきでないこと
主体的に選択
目的達成に近づく

Chapter.02

その仕事は何のため？のまとめ

- 着手する前に、その仕事が何のためにあるかをよく考える。
- 仕事は〈知的創造〉と〈物的創造〉で成り立つことを意識する。
- お客様と自分にとって〈Win-Win〉になる好結果をイメージする。
- 最終的なゴールから逆算して、仕事の進め方を組み立てる。

Chapter.03
"ベター"で満足せず 常に"ベスト"を追求する

とある日
この店舗に配属されたばかりの頃は正直ミスも多かった私ですが…
…嶋さん……をお願…
ザザ
ザザ
何だろ聞き取れなかった まーいいや
み〜ず〜し〜ま〜
ドロロロロロ
※水嶋
ビッ
何ボーッとしてるの!! インカム呼ばれたらちゃんと返事しなさい
聞き取れなかったら聞き返す!! 何事もわからないままにしない
ギャンギャン
慣れないと聞き取りづらいっスもんね

またとある日
ゴツン
おっと!
気を付けてくれよ!!
あわわっ
申し訳ございません
たいへん失礼致しました!

最近は1人でもいろいろな業務ができるようになってきました!!
今、ドル箱お持ちしますね
ザザ
水嶋さん休憩入ってください
ザザ
ガチャ
おつかれさまです休憩いただきます
あ、水嶋さん丁度よかった

明日の遅番ですか？
遅番で入るはずのCSキャストさんがぎっくり腰やっちゃって
急で申し訳ないけど
予定とかあったりする？
わかりました!!大丈夫です!!
あぁ神!!
フンス
とは言っても
大丈夫かな…
これまでも何度か遅番に入った事あるけど
必ず山内さんと一緒だったもんな…

そっか。改めて見ると仕事帰りの男性が多いんだ…
昼間とガラッと雰囲気違うなぁ
おまたせいたしまで
スタッフも…

夜のベテラン男性陣!!
おっ水嶋さん久しぶりっ
ヘルプなんだってねよろしく
ガンバってね!!
すみませーん

ハイ！
出玉カウントしてもらえますか
かしこまりました！
いつもは家でゆっくりしてる時間だもんな
すみませーんドル箱持ってきてもらえませんかー
あ、はい

すぐお持ちしますっ
ジャラ
ジャラ
ダッ
おまたせいたしました!
ありがとう
…あれ?
カード…

無い!!
え…え…どうしよう
ポンッ
これでしょ?後藤さんが取っておいてくれたよ
よ…よかった…
早くお客様に返してきて
深呼吸
へなっ

どうしよう…
皆にフォローしてもらっちゃった
使えない奴って
思われたかな…
後藤さん 本当に ありがとうございます
スマーイル！
顔こわいよ～
恥ずかしい
何やってんだ
私……

その顔だと
僕が何を言いたいかわかってるみたいだね
集計中にジェットカウンターから目を離してしまいました
一瞬でもカードを放置したのは大きなミスです
皆さんにフォローしていただけなかったらどうなっていたか
ご迷惑をおかけしました

詫《わ》びるべきは
僕らじゃない
お客様だ
お客様は君の事を
信頼して大事なカードを
託してくれたんだ
そして君はそれを
裏切りかねない事をした

実は
フッ
山内さんから
君の事頼まれてたんだ
君について
「仕事に慣れてきたのはいいけど
一つひとつの動作が雑になっている
気がする」って言ってたんだ
「何かやらかすかもしれないから
見てやってほしい」って

仕事ってね
単に「業務」ができれば
いいわけじゃないいんだよ
一つひとつの業務には
それぞれ意図があり
目的がある
それを意識して
常に最善・最良の
結果になるように
考えて気を配りながら
行動する
これこそが〝いい仕事〟の
本質だと思うんだ

ベターで満足してはダメ
妥協《だきょう》する事なく
少しでも上を目指して
いつもベストを追求する
その姿勢を忘れないで
ほしいな

はいっ!!
ありがとうございます
うん
なんだ
なんだぁ?
ウチ一番のイケメンが
期待の新人ちゃんに
ドSな説教プレイかぁ
はっはっはっ
カンベン
してくださいよ

夜は昼と客層違って大変だったろ？
仕事で疲れて一息つきたくて
遊びに来てくださってるお客様も多い
へへっ
そんなお客様に少しでもくつろいだ気分になってほしいじゃないか

これからも色々
あると思うけどさ
わぁっ!!! 髪が
お客様のために
どう行動するのがベストか
考えてりゃ大丈夫だよ
んじゃ、おつかれ～
この後軽く行くかー・
いいっスねー・
おつかれさまでした!!
おぉう

紗紀の業務日誌③

ベストの追求

“ベター”で満足せず、常に“ベスト”を追求する

報告者　水嶋紗紀　　6月 25日（火）　晴れ

□早番　☑遅番　　担当　パチンココーナー

メンターの山内さんがいない状態での勤務は初めてだったので、自分なりに気合いを入れて臨《のぞ》んだのですが、大きなミスをしてしまいました。お客様からお預かりした会員カードをジェットカウンターにセットした状態で、他のお客様のご要望に気を取られ、その場を離れてしまいました。時間にして20～30秒程度のことですが、大事なお客様のカードから目を離してしまったのは、非常に無責任だったと反省しています。

東雲さんから指摘された「詫びるべきは僕らじゃない。お客様だ」という言葉は、いまも心に強く残っています。また「ベターで満足せず、妥協せずに少しでも上を目指す」という〝ベストの追求〟についての指摘も、深く心に刻まれました。研修で教えていただいたはずなのに、実践できていなかったことに気づかされました。自分では、業務にも慣れ、人並みに仕事ができる気になっていましたが、お客様にエンターテインメントを提供し、喜んでいただく、感動を創造する、という基本的な姿勢を忘れかけていたように思います。いま一度、行動指針にある「ベストの追求～感動創造～」の精神を強く意識し、毎日の業務にあたっていきます。

　早く一人前になれるよう、一つひとつの業務の意図や目的を意識しながら、より良い仕事を心がけていきます。

メンターのコメント

東雲さんから、事の顚末《てんまつ》は聞きました。確かに、今回の一件は水嶋さんの油断が招いたことなので、今後は気を付けてください。業務中、いつも言っているように「一度したミスは繰り返さないこと」が大切です。

　私が最近の水嶋さんを見て感じていたのは、仕事が〝作業〟になってしまっていないか、ということでした。マメにメモを取り、先輩の動きを注意深く見ながら、一生懸命に仕事を覚えようとする水嶋さんの姿勢は、とても素晴らしいです。実際、大半のホール業務は1人でできるようになってきましたね。ただ、そこに油断が生まれたと思います。

仕事は単に言われたことだけをやればいいわけではありません。

私たちのビジョンの一つに「あらゆるサービス業の中でトップクラスのサービスを提供する」があります。そのためには、常に相手の期待を上回る「ベスト」を追い求める必要があります。そうした姿勢があればこそ「感動」を創造することもできる——というのは行動指針にある通りです。

ベターで留まらず「あと一歩、あと一ひねり」と創意工夫をしたり、努力したりする姿勢だけは忘れないでください。そしてその際、自分にとってのベストだけでなく、相手にとってのベストも意識するようにしてください。お客様にとってベストかどうか、会社全体にとってベストかどうか、他のスタッフにとってベストかどうか……といった、自分にも周囲にもメリットや満足感がもたらされるような選択をしていく視点も、とても重要になります。

このような考え方ができるようになれば今回のようなミスは減り、仕事の〝質〟が大きく変わってくるはずです。

ちなみに、水嶋さんの心を突き動かした東雲さんの言葉も「相手に感動を与える」という〝ベストの追求〟の理念にかなったものだと、私はとらえています。

（山内）

Chapter.03

“ベター”で満足せず常に“ベスト”を追求するのまとめ

- ✔ ビジネスに限らず、あらゆる取り組みにおいて、常に“ベスト”を追求する姿勢が大きな価値を生み出す。
- ✔ 相手の期待を上回る「ベストな結果」を実現することで、「感動」を創造することができる。
- ✔ 「競争相手に勝った」「社会(法令など)や組織の基準はクリアしている」など、何かと比較して上回っているからOKとするような、「ベター」の意識で満足してはならない。
- ✔ どんな状況に陥《おちい》っても最後まで諦めず、妥協せずに最善、最良を求める姿勢が不可欠。
- ✔ 自分だけでなく、他者にとってもベストかどうかを考えることが大切。

Chapter.04
依存ではなく自立

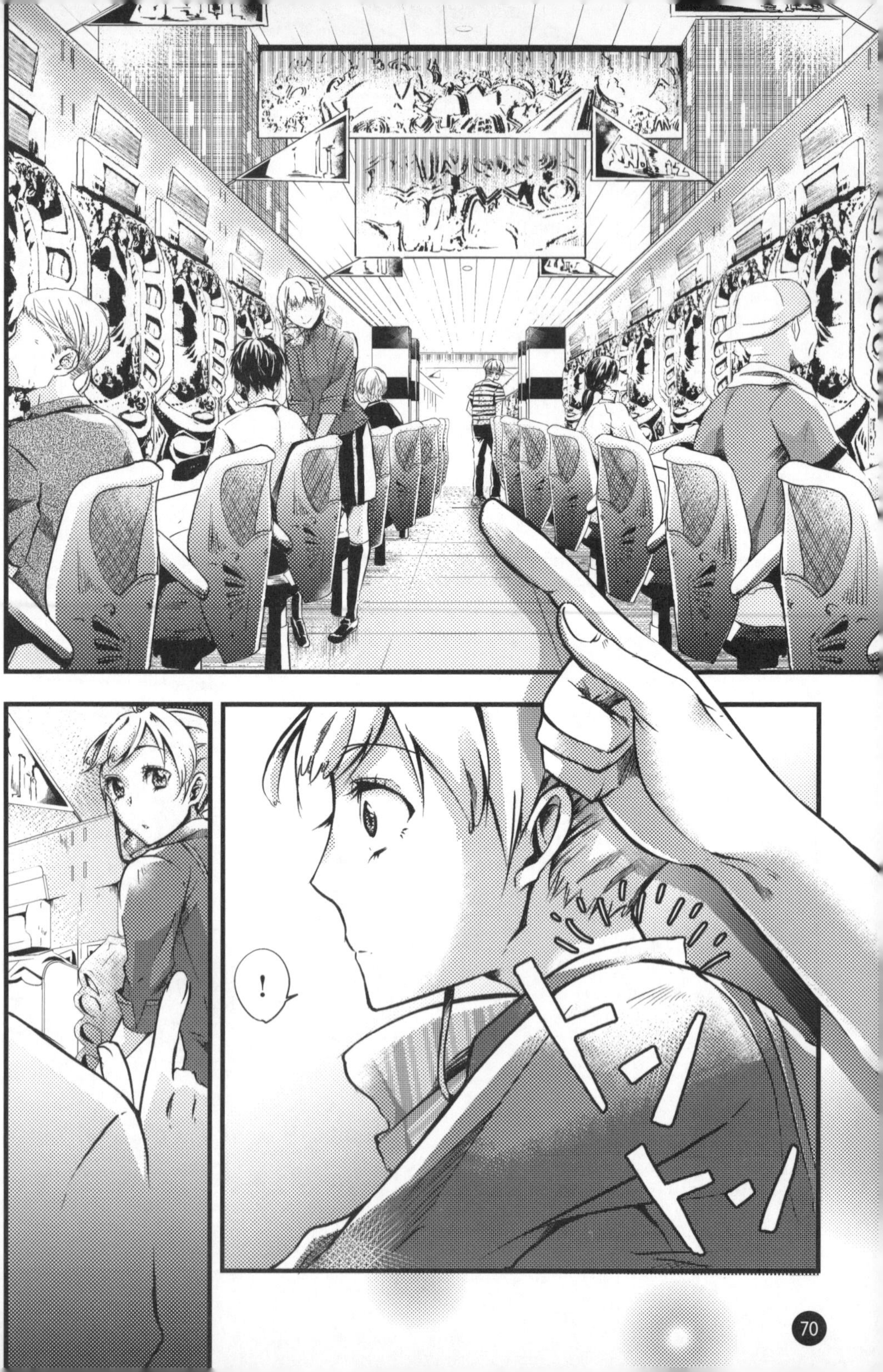
トントン
!

mee1
ハ
ビ…ビックリしたあ
ハイ!!
スッ
!!
ハッ
こ…これは!!
所謂《いわゆる》、電話番号というヤツでは?!!
つ、ついに私もお客様からラブレターをもらう…
タクシーをよんでください

あれ？
…タクシー……
……ですか???
かしこまりました
少々お待ち下さい
グッ

お客様に向かってOKサイン
なんて、山内さん絶対
しなさそうなのに…
変なの
ニコニコ交通
15分後に
まいります。
お待たせ致しました
15分程で来るみたいです
ニッコリ
使用中

あのお客様、お耳が不自由な方で常連さんって程じゃないんだけど
パチンコがお好きで時々来られるの
ガコン
急な雨の時とかにタクシーを呼ばれる事があるから
ニコニコ交通 15分後にまいります。
今度頼まれたらタクシー会社と到着時間をメモに書いてさしあげて
基本は筆談よ
ほんとに
色んな人が楽しみに来てるんだ…

1カ月後…
ザァァァァァ
わぁー
すげー
ふってる
やばー
トッ
トッ
ス
あ！
タクシーを
よんでください
かしこまりました

お客様に
タクシーをお呼びします
お待たせ
致しました
ニコニコ交通
数分でまいります!
近くに1台いて
すぐ来るみたいです
タクシー
すぐ
!

どうも
ありがとう
どういたしまして
ありがとう
ございました
ブDDDDDッ
最後のアレ
何だったたの？

頑張ってって
励まされたので
頑張ります！と
返事しました
それにしても
いつの間に手話勉強したのよ
あの時からですよ
山内さんの筆談に
負けないように
ニコニコ交通
15分でまいります。
ニコニコ交通
10分程でまいります。
私は手話をマスター
しようって
山内さんに君の事
頼まれたんだ

早く一人前にならないと
山内さんに迷惑かけっぱなし
だし
さすがの山内さんも
今日は一本とられたね
ふむ
紗絵ちゃんカワイイ〜♡
まっ
私をおいこそうなんて
10年早いんだからネ!
ツンデレかよ〜
ドッ
かわいー
笑うな

と、いうわけで
今日は思いっきり
ホメられちゃったぁ(^!^)Y
ピコッ
えへへ♥
紗紀ちゃん
やったじゃん!!＼(^o^)／
ゴイスーッ!
カックイ〜
ピコッ

相手に提供できる
ベネフィットは何か常に考える
そして具体的な行動に
移すのが重要!
今回の水嶋は
そこが違った
考えるだけで行動
しないのは二流どまり

ん？
ほめてんの…？
コレ
わかりづらッ！

紗紀の業務日誌④

依存ではなく自立

できない理由を他者や環境に求めることなく
自ら考え行動する

報告者　水嶋紗紀　　8月　24日（土）晴れ一時雷雨

☑早番　□遅番　　担当　パチンココーナー

今日は朝から好天でしたが、16時頃から1時間ほど激しい雷雨がありました。今週2度目のゲリラ豪雨です。降りだして間もなく、耳の不自由なお客様からタクシーを呼んでほしいとメモを渡されました。

先月も同じお客様にメモを手渡され、初めてのことで戸惑ってしまい、山内さんに応対していただきました。そのとき山内さんが、身振りを交えた筆談でご要望にお応えしている様子を見て素晴らしいと思いました。親切で丁寧なだけでなく、明るくて自然なコミュニケーションだったからです。

私がちゃんと応対できなくて、お客様には本当に申し訳ないと思いました。そうした、ちょっとした残念な気持ちがきっかけで、当店から足が遠のくこともあるかもしれません。私自身が買い物のときなどにそう感じることがありますし、反対に、うれしいことがあれば、またそのお店を利用したくなります。

それに、困ったときはいつも山内さんに助けてもらう自分ではなく、早く一人前として認めてもらいたいという思いもありました。

そんなとき、たまたまテレビで手話放送を見て、「これだ!」とひらめきました。あのお客様からまた何か頼まれたら、手話を使ってお応えしたい、うまく伝わるかわからないけど、とにかくコミュニケーションがとれたらいいなと思ったのです。

さっそく入門書を買って読みはじめ、ネットで手話の動画を探しました。自分の手話をスマホで動画撮影して、チェックしながら練習しました。ただ、まだ勉強中なので、実際は思うようにいきませんでした。

今日は簡単なことしか手話でお伝えできませんでしたが、次回はもっと会話して、お店のファンになってほしいと思います。

メンターのコメント

水嶋さんがお客様に手話で何か伝えはじめたとき、「いつの間に手話を覚えたの!」とビックリしました。

水嶋さんは、ちゃんと応対できなかった自分が情けなかったと書いていますね。この気持ちをずっと大切にしてください。仕事に慣れていくうちに、ささいなミスにも慣れて内省する力が弱くなってしまうことがあります。何かできないことがあると、他人や環境のせいにする発想に陥るのです。

「会社や上司が環境を整えてくれないから、自分にはできない」「自分は昔から、これはできない人間なんだ」……。こういうマインドは、何かに依存しているときに起こります。それが癖になると、もう成長は期待できません。これは仕事に限った話ではないでしょう。

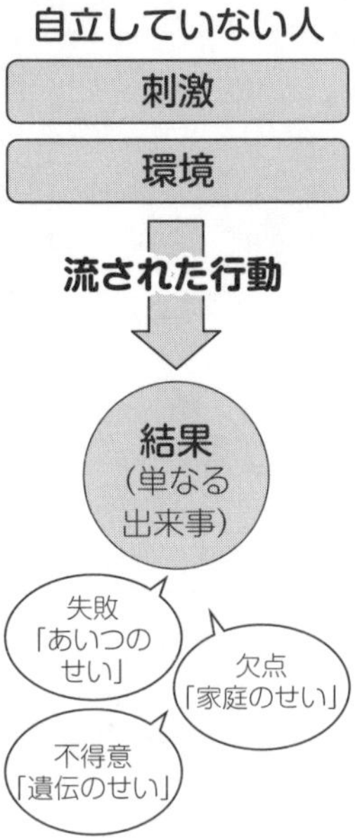
自立していない人
刺激
環境
流された行動
結果
（単なる出来事）
失敗
「あいつのせい」
欠点
「家庭のせい」
不得意
「遺伝のせい」

何か問題が起きたら、**まず自分に矢印を向けて考える。**「7つの習慣」でいう「インサイド・アウト」で物事をとらえ、自己革新に努める。それが自立した個人であり、成長に不可欠なマインドだと思います。**〈自立した個人〉**が集まったとき、そのチームは相乗効果を発揮できます。組織理念にある「挑戦し続ける組織」とは、そういうチームのことです。水嶋さんは**〈依存から自立〉**への一歩を踏み出したように思います。（山内）

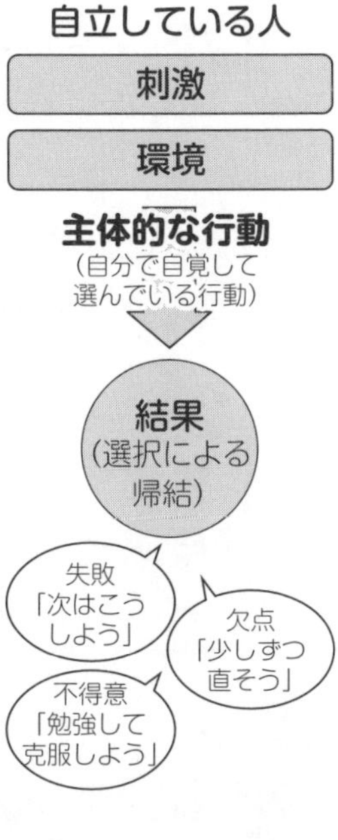
自立している人
刺激
環境
主体的な行動
（自分で自覚して選んでいる行動）
結果
（選択による帰結）
失敗
「次はこうしよう」
欠点
「少しずつ直そう」
不得意
「勉強して克服しよう」

Chapter.04

依存ではなく自立

のまとめ

- 正しい努力はすべてお客様の満足につながる。
- 自分にできないことを、他人や環境のせいにしない。
- 自分ができることに集中する。
- 問題が起きたときは、まず自分に矢印を向けて原因を考える。
- 相乗効果を生む強いチームは、自立した個人の集まりであることを理解する。

Chapter.05
1＋1は3以上

今日のカウンターは風神雷神コンビッスね！
あのコンビがカウンターに入ると賞品が飛ぶように出るんスよ
風神
雷神
だから風神雷神
へえ…
そうなんです

お店では
賞品を交換して
いただきたい時
長谷川さんと河田さんの
風神雷神コンビが
とても頼りになるそうで
何してんスか？
いや調査を
チャ✧
Cafedei
3分
OPEN
キレイクリン
GO

このコーヒー自家焙煎で「おいしい」って評判なの
テレビでも紹介されたくらいなのよ
このオモチャ今、子供たちの間で大人気なんですって!
お孫さんにどうかしらぁ

これ…ですか？
今日お肉の日…ですね
お孫さんが好きなキャラクター…
これ新しい…賞品です
クッキング戦士クックパッピ

スッキリ!!
スゴイ
オォッ
河田さんはとにかくオススメ上手で
うまーく世間話と絡めながら好みを探って的確に賞品をオススメしてるんスよ
いわゆる接客上手!!

長谷川さんは
実はバツグンの観察力と
記憶力の持ち主で
カウンターに来る
お客様の目線で
欲しい賞品…わかる
田村さん家《ち》
毎週金曜日お肉の日…
戸坂さんのお孫さん
来週誕生日って言ってた…
だ、そうっス
ザザ
水嶋さん、井上さん
喋《しゃべ》ってばっかりいないで
フロア巡回お願いします
ビッ
しっ失礼しましたっっ
※井上
※水嶋

チラッ
すごい大繁盛!!
これ…
よいしょ

前お孫さんが欲しいって言ってた賞品…入ってきました
覚えててくれたのか？
まいったなもらってこう!!
この前のコーヒーおいしかった？
そうそうこのお菓子がすごく合うわよ
うんうんその調子でよろしく！

あの…店長は2人が組むと風神雷神コンビになるとわかった上で
カウンターに入ってもらったんですか？
もちろん
管理上そろそろ季節に合った賞品でお客様におすすめしたいものもあったしね
私、2人の個性見誤ってたかもしれません

自分の業務は
そつなくこなすけど
いつまで休憩してるの？！
え〜？
休憩番長
お客様への態度や
仕事にちょっと難あり
とか思ってたけど
こんなに輝いてる

ウチのスタッフはみんなそれぞれ魅力があるからね
その魅力が組み合わされる事でより良いサービスが提供できるようになる
本人も気づいてない新しい強みが引き出される事だってあるよ

MARUFAN
あんな風に

はい
ちなみに
どっちが風神で
雷神ですか？
そこ？

紗紀の業務日誌⑤

1＋1は3以上

「自立した個人」が相互に協力することで、真のチームワークを実現する

報告者　水嶋紗紀　　10月　24日（木）　くもり

☑早番　☐遅番　　担当　スロットコーナー

本日はスロットコーナーを中心に担当しました。新台が入って間もないこともあり、お客様から台の特徴などを質問される場面も多かったのですが、事前にメーカー資料だけでなく、専門誌のレビュー記事にも目を通していたので、私なりに新台のおもしろさを伝えることができたと思います。

今日は予想外の発見もありました。カウンター担当だった〝風神雷神〟コンビの活躍を目《ま》の当たりにして、衝撃を受けました。そして「自分はこれまで、2人のある一面だけしか見ていなかったのだな」と痛感しました。

2人とも、自分の業務は無難にこなすものの、一方で少なからず難ありと勝手にとらえていました。しかし、カウンターの中の河田さん、長谷川さんは、それぞれの個性や能力を存分に発揮して、大きな成果を上げていました。

とくに印象的だったのは、2人がそれぞれのやり方で業務にあたるなかで、通常では見られないような活気、そして華やかさがカウンター周辺に醸《かも》し出されていたことです。これはまさに、行動指針にある「1＋1は3以上」そのものだと感じました。

河田さん、長谷川さんの様子を見て、店長が「ウチのスタッフはみんな、それぞれに魅力がある」とおっしゃっていました。これからは私も、相手の様々な面に目を向け、魅力的な部分を見つけて尊重することを意識しながら業務にあたりたいと思います。

メンターのコメント

河田さん、長谷川さんコンビがカウンター業務にあたることで発揮される相乗効果は、確かに「1＋1は3以上」の考え方を実現している好例ですね。

相乗効果が発揮される「真のチームワーク」を実現するには、それぞれがまず「自立した個人」であることが重要です。「自立した個人」として自ら考え、発言し、行動できるようになること。そのうえで、相手のことも「自立した個人」として尊重することが大切です。それぞれ「自立した個人」なのですから、意見が違うのは当たり前。むしろ、違いがあることは素晴らしいということを前提にして、良さを引き出し合いながら、より良い意見――**第3案**を導き出す。それが「7つの習慣」でいうところの「シナジー」、行動指針の「1+1は3以上」といえるでしょう。

自分のことを理解してもらうために、相手を理解することから始める。そんな姿勢を持つことにより、お互いの信頼関係が深まっていきます。相手を尊重し、認めたうえで、各自の持ち味を活かしていく。その結果、チームとしての相乗効果が生み出されるのです。

なお、ひとつ苦言を呈《てい》するなら、ホール業務が若干おろそかになる瞬間があったように思います。他のスタッフの働きぶりから学ぶ姿勢は大切ですが、お客様へのケアを怠《おこた》らないよう注意しましょう。

（山内）

妥協（AとBの共通部分）

AとBの意見が異なるとき、お互いに消極的になることで至る

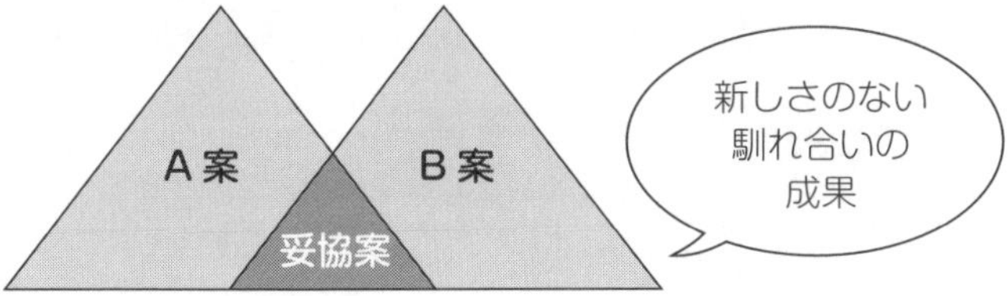

相乗効果（第3案）

AでもないBでもない新しい第3案を生み出すことで大きな成果が生まれる

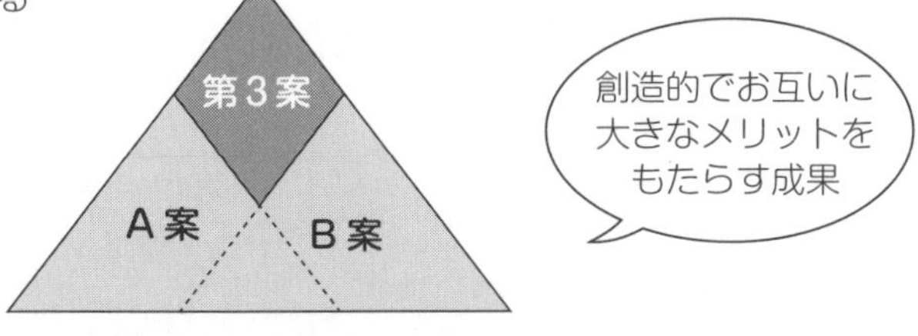

Chapter.05

1+1は3以上のまとめ

- 人にはそれぞれの考え方、持ち味、強みがあり、それが個性や魅力につながっている。
- 相手のことを思いやり、尊重し、理解する姿勢が信頼関係を生み出す。
- 「意見が違っているのは素晴らしいこと」ととらえ、妥協したり、諦めたり、無理に自分の意見を通そうと争ったりするのではなく、双方のよさを採り入れて、どちらの案でもない、より素晴らしい「第3案」を模索する姿勢が重要。
- まずは自分が「自立した個人」として、自ら考え、発言し、行動できるようになること。
- 「自立した個人」が認め合い、協力し合うことでチームとしての相乗効果が発揮される。

Chapter.06
プラスのストローク
ピンチです
入社以来
最大の…

うーん…
今日もかあ…
最近スーパースターに投票してくださるのが同じ常連のお客様ばかり
何とかならないものかなぁ
……
スーパースター制度とは20年以上マルファンで続いている制度の一つで
毎月、お客様が接客が良いと感じたスタッフに投票してもらい
最も得票数の多いスタッフがその月のスーパースターとして表彰される制度で
同期の中にはすでにお客様に票をもらった人やスーパースターに選出された人も
……私ですか？そうなんです

ゼロなんです!!
ぐーーん
オホホホ!!
スーパースター
実は私ひそかに
スーパースターに選んでいただいて
ゆくゆくは全国300店舗のスーパースターの
頂点になる事を夢見てます!!
だから!!
私、スーパースター制度を
もっとお客様に知っていただきたいです!!
店長
お、やる気だねぇ
是非お願いしたいね!

まぁ現状維持くらいで
いいんじゃないかな
……
常連さんは
入れてくれるわけだし
お客様に制度の事を
知ってもらえて
あわよくば自分の顔も
売り込めて
スーパースターに近づける
という不純な動機から
自主的に
スーパースター制度の
認知向上月間
開催しちゃいました

しかし、これがなかなかどうして
通常の店舗営業のほかにポスターやチラシ作成
もっとお客様が投票しやすいブース構築などなど
立て込んでて大変だったけど…

SUPER STAR★
We aim to suppor tour customers the highest rate.
今月のスーパースターコメント
投票頂き、ありがとうございます
日々、お客様への感謝の心を忘れず、
元気いっぱい!! 頑張っていきます
お客様とお話するのが大好きなので♪
話し掛けて下さい
今月の2位コメント
お久し振りです♡
投票ありがとうございました
これからも、私とたくさん
お話して下さい♡♡
SUPER STAR
SUPER STAR投票箱
ありがとうございます!
よぉし!! どんどんお客様に説明するぞぉ!!
よろしくお願いします!!

ふーん
ふぇ
投票しても何ももらえないの？
ポイ
お客様
是非投票をお願い
うるせぇ
何だよさっきから

すみません
スーパースター制度を知ってもらう事ばかり考えて
お客様の立場になって行動できていませんでした
……
制度を知ってもらうどころか逆にお店の印象を悪くしてしまった…
泣きそう…

そもそも何でそんなに必死になってスーパースター制度を広めたいの？
私、本当にこのお店もスタッフもお客様も大好きです
スーパースター制度は日頃ご挨拶くらいしか交わさないお客様からのご意見を聞く事ができる
絶好の機会だと思うんです
私たちもサービスに磨きをかけてもっと成長できる

社内報で※スターセブンに選ばれた人たちのコメントを見てると
そんな気持ちになれるんです
※スーパースターに7回選ばれた人が受賞する
だったら今のやり方を変えたほうが良さそうね
え?

スーパースター制度をご存じですか？
賞品に交換するタイミングで気持ちに余裕がある時に説明したらどうかしら
手伝うよ
水嶋さん用紙足りない
こっちも
印刷してきます！

あ…
この間のお客様…
あの…先日は大変
悪かったな
あの日はツイてなくてさ…ここには10年以上通ってるけど
こんな制度あるんだな
そのチラシ
もらっていいかな？

1週間後
MARUFAN
おおお!!
すごいじゃない！
こんなにたくさんの投票用紙
初めて見た
はい、ご迷惑を
おかけしました
え・が・お

大事な部分を見落としてお客様にご迷惑をかけたのは事実だけど
自分から手を挙げて新しい仕事に取り組もうとしたあなたの意欲と勇気は素晴らしいと思った
くじけそうになっても自分で事態を収拾しようと最後まで行動したのも良かった
それでついサポートしちゃったわ

あなたがこれまで積み上げてきた信頼と熱意が
周囲の人の心を動かしたのよ
自分の仕事を全うしてまわりの人たちを支えられる
大人にならなきゃ……
何泣いてるのよ

この日、
店始まって以来の投票数100票を超え…気になる結果は
水嶋おめでとう!!
オメデトウ!!
祝! スーパースター
やったね! サキちゃん
初めてのスーパースター

雪なので歩きで通勤
めずらしい
意識高い系が
何も言ってこないなんて
よう
おつかれ
も…
最上 元!!
本人!!!
え
何で？
さむ
ライン見たからさ
店近いし
直接言いたくて
出待ちしてた

おめでと
かぁ
…っ
わざわざ?
んじゃ 飯 いこうぜ
えっ 今から!?

紗紀の業務日誌⑥

プラスのストローク

一歩踏み出した勇気を称え、人の可能性を引き出す

報告者　水嶋紗紀　　1月　8日（水）くもり、ときどき雪

☑早番　☐遅番　　担当　パチンココーナー

本日は昼休み後、スーパースターのポスターの貼り替え業務に入る井上さんのヘルプにつきました。ヘルプ作業中、スーパースターのポスターを改めて眺めながら、少し不思議な感覚をおぼえました。先月のスーパースターとして自分の写真がトップに飾られていることに、まだ慣れません。「うれしい！」という気持ちと同時に、お客様やスタッフの皆さんの期待に応えられるのか、不安も感じています。たった一度選んでいただいただけでも緊張するのですから、何度も選ばれているスタッフがどれほどの努力を続けているか、想像するだけで頭が下がります。

スーパースター制度の認知向上月間については、反省点が多いです。１人で突っ走り、お客様にも迷惑をかけてしまいました。先月のスーパースターになることができたのは、お客様やスタッフの皆さんのおかげ。感謝の気持ちを忘れずに、今度は誰かを助けたり、支えたりできるようになりたいです。

メンターのコメント

スーパースター選出、おめでとう。選ばれたことで、ただの新人スタッフから一段上がって、少し物事を俯瞰《ふかん》的に見ることができるようになってきた、ということでしょう。これまでは自分のことだけで精一杯。他のことには目が向けられなかったと思います。しかし、視野が広がると、自分がどれだけ周囲の人に支えられていたのかがわかってきます。

言葉で説明するのは簡単ですが、こういう考え方は、誰でもできるわけではありません。なかには、すべては自分の努力の成果だと思って、周囲への感謝を忘れてしまう人もいます。しかし水嶋さんは、素直に周囲への感謝を口にしました。そして確実に、仕事に取り組む姿勢やお客様への接し方が変わってきました。反省すべき点は反省し、自信を持って仕事に取り組んでください。

行動指針の一つ**〈プラスのストローク〉**では、人間関係においてお互いの長所を認め合うことの重要性を伝えています。ストロークとは「働きかけ」のこと。相手に対しても、自分に対しても、言葉や態度でポジティブに働きかけていこう、という意味で、「7つの習慣」にも通じる発想です。
人は「認められ、褒められるからこそ頑張る」もの。そうした考え方に基づいて「理想に向かって、もっと良くしたい」と最初の一歩を踏み出す勇気を持ち、行動を起こした人に対しては、失敗や未達成に終わったとしても、その勇気を尊重し、頑張りを認めていく精神があります。これがあるからこそ、失敗や困難にも折れることなく、モチベーションを維持して次の挑戦に取り組めるのです。
今回の水嶋さんの取り組みは、一歩踏み出した勇気ある行動でした。だからこそ、私たちも「助けたい」「ちゃんと認めてあげたい」という思いを抱いたのです。これまで築き上げてきた「信頼」が、周囲の人を動かしたといってもいいでしょう。前向きさや真摯《しんし》さに、私も良い影響を受けています。（山内）

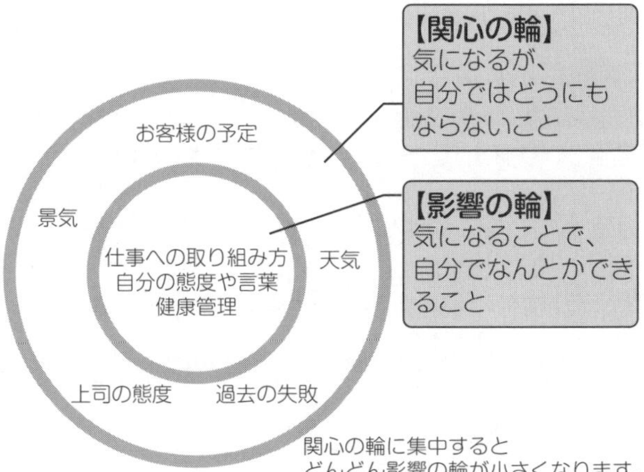
【関心の輪】
気になるが、
自分ではどうにも
ならないこと
【影響の輪】
気になることで、
自分でなんとかできる
こと
お客様の予定
景気
天気
上司の態度
過去の失敗
仕事への取り組み方
自分の態度や言葉
健康管理

関心の輪に集中すると
どんどん影響の輪が小さくなります。
逆に、影響の輪に集中すると
影響の輪がどんどん大きくなります。

Chapter.06

プラスのストローク のまとめ

- ✓ 人は叱られたり、強《し》いられたりするから頑張るのではなく、「認められ、褒められる」から頑張れる。
- ✓ 失敗や未達成に終わったとしても、まずは「理想に向かって一歩を踏み出した勇気」を尊重する。
- ✓ 大切なのは、お互いに長所を認め合うこと。認め、讃え、感謝を伝えていこう。
- ✓ ときには何かを指摘する必要もあるが、その場合は相手の成長を期待し、次の成長や挑戦につながる「プラスの助言」を伝えよう。
- ✓ お互いにプラスのストローク（働きかけ）で接することができるようになれば、相互にやる気を高め、可能性を引き出せるようになる。その結果、「失敗や変化を恐れず挑戦する組織」が実現できる。

Chapter.07 正しいことは正しい

本日
大変忙しく
さらにCSキャストの急な欠勤まで出てしまい…
なのに…
もみぁ〜あ〜
詩織ちゃ〜ん
おはわ〜すじたあぁ〜!!
休憩番長

ザザ
スロットコーナーで トラブル発生 誰か行けない？
すみません ちょっとここ離れられなくて
ここ… 大丈夫ですよ
しれっ
はい
じゃあ あっち行ってくる

人手が足りなくて
忙しい状況なのに
マイペースなのぉ～
キ
ははは
年下だけど
一応は先輩だし
社員の私が
休憩は時間通りに
とか言っちゃうと
それって
パワハラ
ですか？
キッ

けど皆で仕事してるわけだから ちゃんとフォローし合わないとな
私がちゃんと声かけ できればいいんだけど なかなか言えない
たとえ嫌われても そのコの将来を考えて ちゃんと指摘してあげる
それが親切ってもんだ

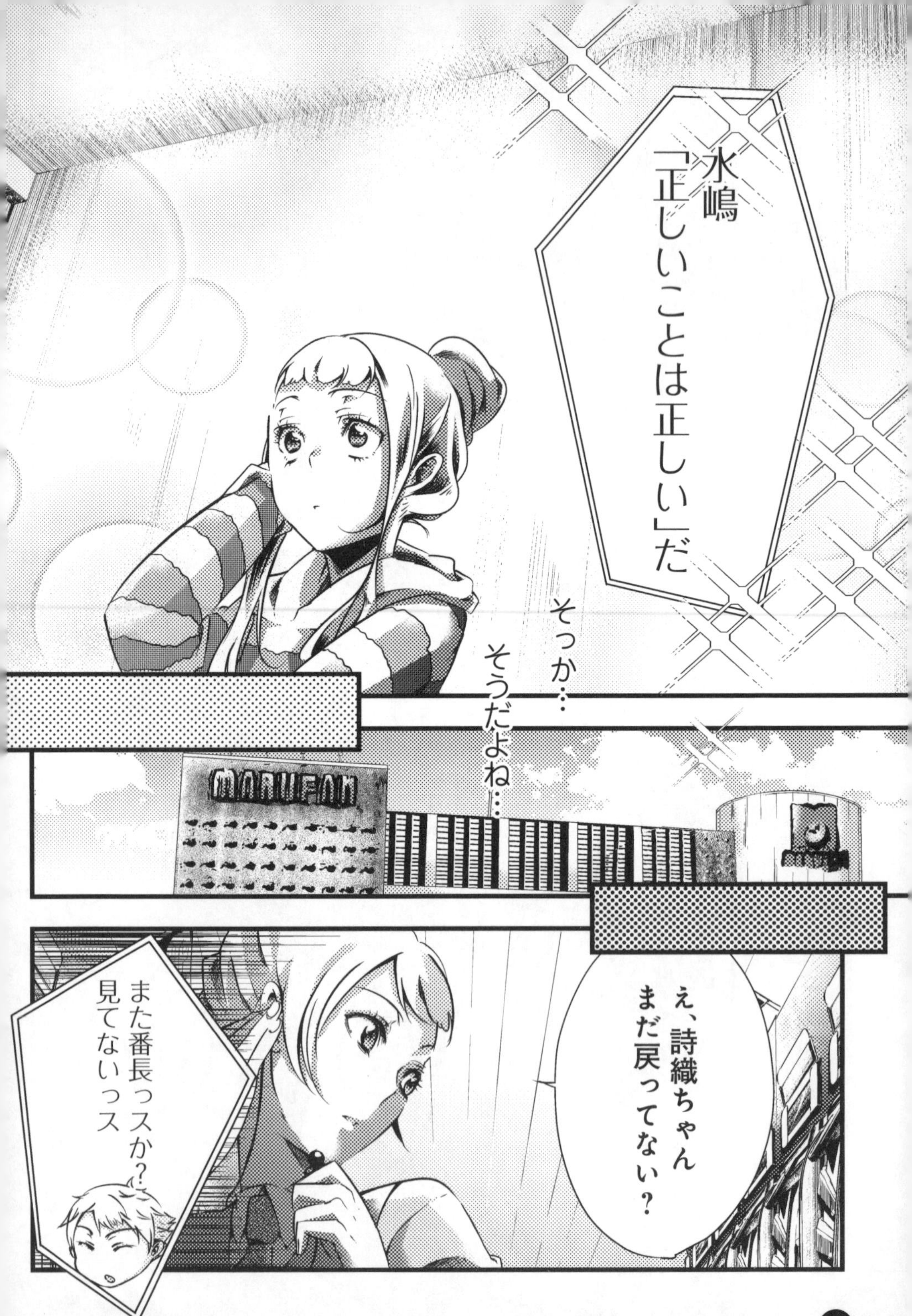
水嶋
「正しいことは正しい」だ
そっか…
そうだよね…
え、詩織ちゃん
まだ戻ってない？
また番長っスか？
見てないっス

いつも放ってなおくらけど…
ちょっと見てきます
「正しいことは正しい」今日こそ実践します!!

しっ
詩織ちゃん休憩5分オーバーしてるよ
今戻るんで5分だけですよね
ズッ
…う…
5分…
だけでも気を付けてほしいんだ皆も頑張ってるから
すみませんすぐ戻ります

ミッションコンプリート！
な…なんとか言えたあああ～
さてと…次の休憩みんなにとってもらわないと
ギクッ
ん？
ザワ
何だろ…
しおりちゃん？

だからぁ
この台は私がいつも打ってるの
だからどいてよ
僕が打ってる最中
じゃないですか
ザワ
あの…
お客様

お客様 どうかされましたか？
ちょうど良かったわ おネエさんからも言ってよ 私は毎日この台を打ってる 常連だって
いつもありがとうございます 本日はこちらのお客様が 先にご遊技されて おりますので
何よ！ 私はこの台が いいのよ!!

す…
全ての
全てのお客様に
楽しい時間を過ごしていただくためにお願いしております
！
お客様にも是非ご協力いただけないでしょうか
詩織ちゃん

わ…わかったわよ
私だって別にクレーマーになりたいわけじゃないんだから
詩織ちゃんすごい!!
MARUFAN

落ち着いた？
はい
ご心配をおかけしました
休憩の事も
誰も何も言わないし
別にいいかって
思ってしまってました
本当にすみませんでした
本当今日
カッコよかったよ
NECTA

紗紀さんが
気づかせてくれたんです
おぉ!
それじゃあ詩織ってコはもう休憩番長じゃなくなったの?

そうなんだよ
私もビックリ
何なら他のスタッフに
「早く戻らないと紗紀さんに絞《しぼ》られますよ」とか言ってるんだって
すこしずつかもしれないけど私たちは前に進んでるんだなあ
！
ポンポン
おつかれ

カッコイイよ水嶋
今日から
お世話になります
片岡《かたおか》祐美《ゆみ》です
ぺこ
よろしくお願いします！

そのお辞儀は何？
研修で習ってきたんでしょ
ビシビシいくわよ

紗紀の業務日誌⑦

正しいことは正しい

善悪を取り違える過ちを犯さない

報告者　水嶋紗紀　　3月　27日（木）　晴れ

☑早番　□遅番　　担当　パチンココーナー

　今日はお客様が少なめだったので、穏やかな一日になるのかと思っていたところ、昼近くにトラブルが発生しました。あるお客様が、先に座っていた方に席を譲《ゆず》るように強要したのです。いつも自分が座っている席だという言い分でしたが、井上さんによると、以前も同様のトラブルがあったそうです。

　応対に困っていたところ、長谷川さんが毅《き》然《ぜん》とした態度でそのお客様を説得し、無事にトラブルを収めました。先に座っていた方からもたいへん感謝されました。

　長谷川さんは極度に緊張していたのか、震えていました。いつも控えめなタイプなので、かなり勇気を奮ってお客様を説得したのだとわかりました。

適切な対処でトラブルを収めた姿には感動しました。仕事のあとで、本人にそのことを伝えると、行動指針の「正しいことは正しい」を実践したと話してくれました。

実は数日前、私は長谷川さんの休憩時間が長いことを指摘しました。いままで「休憩番長」と呼ばれながらも、職場内でなんとなく許容されていました。しかし「休憩番長」の習慣から脱《ぬ》け出さないと、周囲の人たちにずっと信頼されないままです。このとき私もかなり勇気を奮いました。

長谷川さんはそのことが頭にあってお客様を説得できたそうですが、私の何倍も大きな勇気と決意が必要だったろうと想像します。彼女に負けないように、今後も「正しいことは正しい」に励もうと思います。

メンターのコメント

行動指針の「正しいことは正しい」は、私も難しいと感じることがたびたびあります。改めるべき点は率直に伝えたほうが相手のためになるとわかっていても、相手を落ち込ませてしまったり、指摘した相手に嫌悪感を抱かせてしまう恐れがあるからです。

最近、長谷川さんの行動が少し変わったなと感じていたのですが、水嶋さんが休憩のことを指摘してくれていたんですね。

私自身も伝えようと考えていました。でも、ずっと先送りにしてきたのは、彼女に嫌われてしまうかもしれないという気持ちがどこかで働いていたのでしょう。他のみんなも同じだと思います。そのなかで水嶋さんが**勇気を持って指摘し、彼女もそれを素直に受け入れてくれた**んですね。これは「7つの習慣」で理想としているまさに、「Win-Win」の関係であり、素晴らしいことです。

正直なところ、私も誰かに指摘することは苦手なほうです。でも、水嶋さんのメンターになったとき、自分を変えようと決めました。社会人としてのスタートをサポートするということは、そのくらい重大な役割だと。

4月になると新入社員が私たちの仲間入りをします。私は店長に、メンター役として水嶋さんを推薦するつもりです。メンティー※のためにも「正しいことは正しい」を実践してください。これからも水嶋さんの成長を大いに期待しています。

（山内）

※メンティー：教わる人

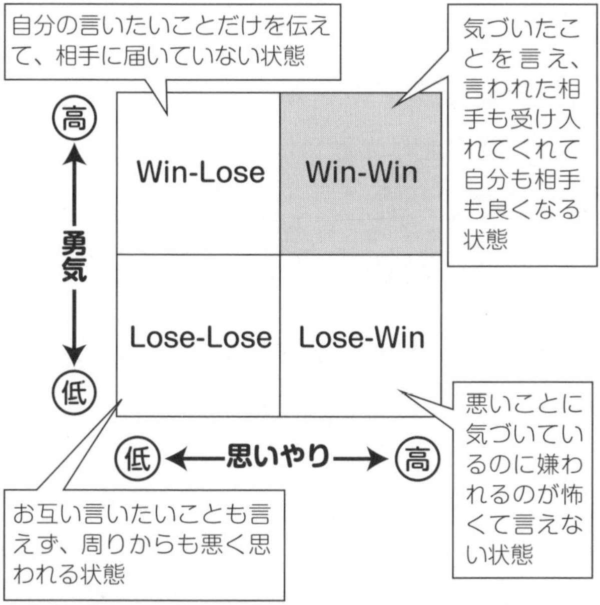
自分の言いたいことだけを伝えて、相手に届いていない状態
気づいたことを言え、言われた相手も受け入れてくれて自分も相手も良くなる状態
高
勇気
低
Win-Lose
Win-Win
Lose-Lose
Lose-Win
悪いことに気づいているのに嫌われるのが怖くて言えない状態
低
思いやり
高
お互い言いたいことも言えず、周りからも悪く思われる状態

Chapter.07

正しいことは正しい のまとめ

- 「正しいこと」を「正しい」と言える勇気を持ち続ける。
- 一人ひとりがルールやモラルの管理者として異を唱え、立場や役職に関係なく、みんなの力で正しい職場を築いていく。
- 意見の内容(何を言ったか)でなく、意見の発言者(誰が言ったか)に影響されて物事を進めてしまうのはあるべき姿ではない。
- 注意を受けたときは、自らを振り返る機会ととらえて〈指摘を受け入れる勇気〉も大切にする。
- 「私を正してくれてありがとう。私は、あなたの勇気を受け入れます」と感謝の気持ちを伝える。

寄稿

働き方が多様化する現代は、自分の人生に対する主体性が求められる時代とも言えます。「７つの習慣」はこのような変化の激しい時代にこそ有効な考え方です。

本作品に全面協力されている株式会社マルハン様では、「７つの習慣」と親和性の高い、マルハンイズムを基盤とした企業文化の醸成をされています。本作品でもマルハンイズムが日々の仕事の中でどのように活用されているかがわかりやすく表現されています。

また、本作品の舞台はエンターテインメント業界としていますが、それ以外の業界で働く方に対しても活かしていただける内容ではないでしょうか。

読者の皆様が本作品から感じ取ったことを、ご自身の仕事・プライベートで実践していただき、豊かな人生を歩むための一助としていただければ幸甚です。

フランクリン・コヴィー・ジャパン株式会社
代表取締役社長　ブライアン・マーティーニ

※この漫画はフィクションです。登場する人物、団体名などは架空のものです。
※本書で使用されている用語は「7つの習慣」の用語と一致しているわけではありません。

☆**原作**
伊原直司（いはら・なおじ）

漫画原作者／ライター。出版社勤務を経て、現在フリーランスとして活躍。ビジネス誌、ビジネス書を中心に執筆実績多数。主な著書に『家族でできる７つの習慣』（PHP 研究所）がある。

☆**漫画**
押月 禄（おしづき・ろく）

滋賀県出身。得意ジャンルは SF、ファンタジー、ギャグ、恋愛等。主な著書に『しがけん。』（エンターブレイン）、作画の実績として『オタクな恋のメロディ 34 歳オタクが 16 歳女子高生と付き合った件』（PHP 研究所）、『TRADE ～俺は今日から女子高生～』（泰文堂）がある。
ツイッター @oshiduki

☆ **Staff**

協　力	酒井英三子（マルハン）／徳田賢志（フランクリン・コヴィー・ジャパン）
プロデュース	伊丹祐喜
装　幀	本澤博子
本文デザイン・DTP	RUHIA
制　作	池谷秀一郎／髙橋美香
営　業	伊藤利文

HAPPY★AMUSEMENT《ハッピー・アミューズメント》
とある企業の７つの行動指針《イズム》

2019 年 2 月22日　第 1 版第 1 刷発行

原　作　　伊原 直司
漫　画　　押月 禄
発　行　　株式会社ＰＨＰエディターズ・グループ
〒 135-0061　東京都江東区豊洲 5-6-52
☎ 03-6204-2931
http://www.peg.co.jp/

印　刷
製　本　　シナノ印刷株式会社

ISBN978-4-909417-17-6